Das Naturwesen Smoothie Rezeptbuch

Außergewöhnlich gechannelte Rezepte von Elfen, Feen, Zwergen und vielen anderen Naturwesen

Johannes Allgäuer

AF192192

Impressum:

Herstellung und Verlag: BoD-Books on Demand, Norderstedt

ISBN Nr: 978-3-8448-1127-8

2. Auflage: Mai 2016

Vorwort:

Dieses Smoothie Rezeptbuch bekam ich von meinen Naturwesen Freunden durchgegeben und war hocherfreut darüber!

Sie sagten mir auch, dass es gewisse Grundvoraussetzungen dafür gibt!

Jedem Smoothie sollte mindestens 2 EL gesegnetes Wasser, am besten Quellwasser, hinzugegeben werden, damit der Segen von GOTTVATER auf jedem Getränk liegt. Smoothies geben Kraft und Elan!

Bei der Besorgung der Zutaten sollte eine gewisse innere Freude und Frieden herrschen und wenn etwas von der Wiese gepflückt wird, sollte die Pflanze vorher gefragt bzw. informiert werden, dass jetzt ein Teil von ihr als Zutat eines Smoothies dient.

Selbstverständlich sollten, wenn möglich, nur biologische Zutaten verwendet werden.

Dieses Smoothiebuch ist rein vegan gehalten! Das liegt wahrscheinlich an den Naturwesen. Vielleicht begegnet euch ja das eine oder andere Naturwesen dabei….

Alle Formulierungen stammen übrigens von den Naturwesen.

Herzlichst, euer Johannes

Inhalt:

In diesem Buch stehen **120 Smoothie Rezepte**, die komplett „gechannelt" sind, d.h. medial von mir empfangen wurden. Dieses Buch mit gesunden Rezepten wurde von unseren Freunden aus dem Naturwesenreich mit Freude durchgegeben und einige Rezepte haben eine „persönliche Widmung" sozusagen im Titel, sind aber trotzdem für jedermann leicht auszuprobieren.

Dieses Buch ist einzigartig und mal wieder etwas Besonderes aus dem Naturwesenreich...

Zuerst weigerte ich mich, ein Smoothiebuch zu machen.

Gut, die Rezepte, die mir bisher durchgegeben wurden hatte, waren erstklassig aus meiner Sicht.

Aber gleich 120 Rezepte?

Wie ihr seht, klappte es, weil ich beständig aufnahmebereit für die Durchgaben aus der Naturwesenwelt war und hin und wieder auch dazu schrieb, was sie gerade so sagten oder auch meine Kommentare.

Ein Buch außerhalb der Norm, möchte ich mal sagen.

Ich freue mich, wenn euch die Smoothie- Rezepte gefallen und unsere Naturwesen-Freunde ebenso...

HERZlichst, euer Johannes

1.) Elfen Smoothie

"LEICHT UND FREI"

50 ml Kokosnusssaft

Saft einer Orange

Saft einer ½ Zitrone

7 Blatt Zitronenmelisse

2 Birnen

10 Löwenzahnköpfe

2 EL gutes gesegnetes (Quell)wasser

Elfi empfiehlt, den Smoothie mit viel Liebe herzustellen.

Alles im Mixer miteinander verrühren und sofort servieren.

Die Löwenzahnköpfe erst pflücken, nachdem mit den Pflanzen gesprochen wurde.

Wer es gerne kühl mag, kann 1-2 Eiswürfel dazu geben.

Das gesegnete Wasser wird benötigt, um die Schwingung zu erhöhen. Man fühlt sich beim Trinken dieses Smoothies sehr leicht und frei!

2.) Zwergen Smoothie

„gute Erdung"[*6]

50 g gekochte Kartoffeln

1 Bund Petersilie

100 g Erdbeeren

50 ml Brennnesselblätter

2 mittelgroße Tomaten

1 EL Ahornsirup

2 EL gutes gesegnetes (Quell)wasser

Alles mit viel Liebe klein schneiden und in den Mixer geben.

Je nach Festigkeit der Kartoffeln eventuell noch etwas mehr Wasser (nicht MEERWASSER, hihihi) dazu geben.

Wenn ihr diesen Smoothie trinkt, sagt Adalbert, der Zwerg, bekommt ihr nicht nur wunderbare Erdung, sondern auch viel Energie!

3.) Nixen Smoothie

„Petri heil"[6]

2 TL Spirulina Pulver

100 ml gesegnetes (Quell)wasser

10 Löwenzahnblätter

50 g Bärlauch

100 g Erdbeeren

3 Prisen Zimt

50 ml Traubensaft

50 ml Apfelsaft

Alles wird in den Mixer gegeben und gut püriert.

Der Geschmack des Spirulina Pulver wird fast komplett überschattet vom Bärlauch und einem Hauch Südsee.

Sehr ungewöhnlich, aber wenn ihr es mögt, wird euch dieser gesunde Smoothie immer wieder begeistern!

4.) Wichtel Smoothie

„Lustig ist das Leben"[6]

1 Kiwi

1 Papaya

1 Mango

1 Bund Petersilie

100 ml Sojamilch

100 g Sellerie

2 EL gesegnetes (Quell)wasser

Alles kleinschneiden und im Mixer gründlich verrühren.

Hutzlibub, der Zwerg, findet dieses Smoothie einfach köstlich für lustige, fröhliche Menschen, die Energie möchten und gut „drauf" sind!

5.) Pan Smoothie
„Natur genießen"[6]

50 g entkernte Kirschen

2 rote Äpfel (mit Kernen!)

1 EL Ahornsirup

5 gewaschene Möhren

1 rote Paprikaschote (ausgehöhlt)

100 g Bohnenkraut

3 Blatt Zitronenmelisse

2 EL gesegnetes (Quell)wasser

Alles in den Mixer geben und am besten sofort genießen.

Falls ihr den Geruch von Ziege, gekoppelt mit nasser Erde nach einem Sommerregen wahrnehmt, ist Pan anwesend!

6.) Sylphen Smoothie

„Luftig leicht fliegen"[6]

½ Ananas

½ Vanilleschote (Mark vorsichtig herausholen)

50 ml Traubensaft

100 g Sellerie

100 g Mandelmus

50 ml Kokosnusssaft

Alles in den Mixer geben und pürieren.. Ihr bekommt viel Energie und fühlt euch so herrlich „luftig leicht", sagen die Sylphen, unsere Luftengel, die den Himmel reinigen.

7.) Kobold Smoothie

„Freude am Hier sein"[*6]

1 rote Paprikaschote (bitte aushöhlen)

3 Birnen

1 EL Ahornsirup

100 g Mandeln

2 Orangen (bitte auspressen)

200 g Heidelbeeren

50 ml Sojamilch

50 g Brennnesselblätter

2 EL gesegnetes (Quell)wasser

Bitte alles liebevoll zerkleinern und dann in den Mixer geben und pürieren.

Der Geschmack haut euch um! Die Gnome sagen, es ist wunderbar!

Bei feurigem Bedarf noch etwas Tabasco hinzufügen!

8.) Feen Smoothie

„Heilung des Herzens"[6]

100 g schwarze Kirschen (ohne Kerne)

½ Bund Petersilie

1 Mango (ohne Kern)

1 Kiwi

50 ml Sojamilch

2 Prisen Zimt

Mark einer ½ Vanilleschote

2 EL gesegnetes (Quell)wasser

Alles fein säuberlich in liebevoller Schwingung zubereiten und in den Mixer geben. Die Energie dieses Smoothies geht sofort positiv als Herzensenergie in den Körper, sagen die Feen.

9.) Undinen Smoothie
„Wasserfreuden"[6]

50 ml gesegnetes (Quell)wasser

2 TL Spirulinapulver

100 g Himbeeren

100 g Johannisbeeren

1 reife Banane

1 Mango (ohne Stein)

10 g Rapadura Zucker mit Zimt mischen

1 Prise Ingwerpulver

Wenn ihr diesen Smoothie vor dem Duschen oder Baden trinkt, wird es euch doppelt so viel Freude machen!

Viel Spaß damit wünschen euch die Undinen!

10.) Zwergen Smoothie „Hoppla!"[6]

½ Liter Kokosnusssaft

½ Mark einer Vanilleschote

20 g Ingwerpulver

10 Löwenzahnblätter

1 Tropfen Tabasco

½ Bund Schnittlauch

50 ml Traubensaft

2 EL gesegnetes (Quell)wasser

Alles liebevoll pflücken bzw. zubereiten und bei den Löwenzahnblättern die Pflanzen vorher informieren, was ihr vorhabt. Dann alles im Mixer pürieren.

Bertelbart, der Zwerg, sagt: Wenn ihr wissen wollt, warum der Smoothie so heißt, dann probiert ihn, hihihi…

Gutes Gelingen!

11.) Feuerwesen Smoothie

„Scharf und gelöscht!"[46]

½ Liter Kokosnusssaft

20 g Bohnenkraut

1 Orange (ausgepresst mit Fruchtfleisch)

2 Tropfen Tabasco

1 Chilischote

50 ml Apfelsaft

30 g Sellerie

100 ml Hafermilch

2 EL gesegnetes (Quell)wasser

Alles im Mixer pürieren so weit es geht. Dann eventuell, wer es kühl möchte, noch mit einem Eiswürfel servieren!

Die Feuerwesen freuen sich, euch auch einmal erfreuen zu können!

12.) Elben Smoothie

„ am Boden bleiben"[6]

50 g gekochte Kartoffeln (ohne Schale)

1 Schalotte (gehäutet)

50 g Bärlauch

200 g Erdbeeren

100 ml Ananassaft

2 EL Ahornsirup

50 ml Apfelsaft

Alles im Mixer pürieren und schnell genießen...

Die Elben erfreuen euch mit diesem außergewöhnlichen Smoothie, der euch „den Ball schön flach halten lässt"...

13.) Deva Smoothie

„rote Wangen"[6]

2 Kiwis

1 Apfel (mit Kernen)

20 g Ingwer (zerkleinert oder als Pulver)

3 Tropfen Tabasco

¼ Liter Kokosmilch

50 g Sellerie

½ Bund Petersilie

250 ml Traubensaft

50 g Mandeln (ohne Haut)

2 EL gesegnetes (Quell)wasser

Alles im Mixer pürieren und langsam trinken!

Dieser Smoothie färbt die Wangen rot, sagen die Devas. Das kann man wörtlich oder symbolisch verstehen...

14.) Baumwesen Smoothie

„waldig, tannig schön"[6]

10 Tannenspitzen (vorher um Erlaubnis bitten, ob ihr sie pflücken dürft)

2 EL Ahornsirup

1 Prise Steinsalz

5 Karotten (nur gewaschen nicht geschält)

1 Knoblauchzehe (enthäutet)

50 g Brennnesselblätter (vorher ihnen Bescheid geben vor dem Pflücken)

5 Eicheln (ohne Schale)

3 Birnen (mit Kernen)

1 TL Chlorella Alge Pulver

2 EL gesegnetes (Quell)wasser

Alles im Mixer gut pürieren. Der Geschmack ist „waldig, tannig schön"

15.) Baumnymphen Smoothie „grün"[6]

¼ Liter Kokosmilch

2 TL Spirulina

1 Bund Petersilie

1 /2 Bund Schnittlauch

1 TL Zimt

1 Prise Steinsalz

30 g Rapadura Zucker

100 ml Sojamilch

2 EL gesegnetes (Quell)wasser

Alles im Mixer pürieren und beim Trinken genießen!

Schmeckt nach MEHR (oder auch nach MEER, je nachdem, hihihi) sagen die Baumnymphen…

16.) Pegasus Smoothie

„ Unicorn "[6]

½ Liter Kokosnussmilch

250 ml Apfelsaft

100 ml Traubensaft

1 Prise Zimt

40 g Ingwerpulver

1 Bund Schnittlauch

2 rote Paprikaschoten

20 g Bärlauch

2 EL gesegnetes (Quell)wasser

Alles in den Mixer geben und die Einzigartigkeit von Pegasus sich symbolisch beim Genießen des Smoothies vorstellen!

Es gibt viele Einhörner, aber nur eins, das auch fliegen kann…

17.) Einhörner Smoothie „Freiheit"[6]

¼ Mark einer Vanilleschote

1 Zitrone (ausgepresst)

3 rote Äpfel (mit Schale)

100 g Kirschen (ohne Steine)

12 Zitronenmelisse Blätter

1 TL Tomatensaft

2 EL gesegnetes (Quell)wasser

Alles liebevoll pflücken bzw. kaufen und im Mixer gut pürieren.

Bei diesem Smoothie fühlt man sich frei und möchte am liebsten auf einem Einhorn reiten! Traut euch ruhig! „Im Reich des Pan", der Naturwesenwelt, ist das feinstofflich möglich!

18.) Heinzelmännchen Smoothie „Viel Platz"[6]

1 Papaya (ohne Kern)

300 g Kirschen (ohne Kerne)

300 g Himbeeren

100 g Heidelbeeren

100 ml Haferdrink

100 g Brennnesselblätter

2 EL gesegnetes (Quell)wasser

Alles liebevoll pflücken, säubern und mit Liebe in den Mixer geben. Der Smoothie gibt Kraft und räumt euch das Gefühl ein, viel Platz zu haben und Gutes tun zu wollen.

Die Heinzelmännchen helfen euch vielleicht dabei, wenn ihr es möchtet.

19.) Waldnymphen Smoothie
„Erdig"[6]

7 Eicheln (ohne Schale, klein geschnitten)

100 g Sellerie

100 g Haselnüsse (zerkleinert, am besten als Mehl)

50 g Maronenmehl

50 g gekochte Kartoffeln (ohne Schale)

100 ml Tomatensaft

3 Möhren (gewaschen, mit Schale, klein schneiden)

100gr Himbeeren

20 Löwenzahnblätter (vor dem Pflücken Bescheid geben)

10 g Bohnenkraut

3 Zitronenmelisse Blätter (vor dem Pflücken Bescheid geben)

100 ml Hafermilch

2 EL gesegnetes (Quell)wasser

Alles mixen bis es trinkbar ist. Sehr erdig, sagen die Waldnymphen. Lecker!

20.) Faun Smoothie

„Alles ist gut"[6]

¼ Liter gesegnetes (Quell)wasser

30 g Rapadura Zucker mit Zimt mischen

100 g Kirschen (ohne Steine)

5 Birnen

½ Bund Petersilie

1 EL Ahornsirup

½ TL Ingwerpulver

Alles in den Mixer geben und einfach genießen!!!

Es schmeckt wunderbar!

Pan, der „Chef" der Naturwesen, ist ja auch ein Faun und wer mit ihm Kontakt möchte, kann es ja mal über das Rezept hier probieren, vielleicht klappt es ja….

(Pan lächelt gerade…)

21.) Salamander Smoothie

„Schön scharf"[*6]

1 scharfe Chilischote

100 g Mandelmus

3 Birnen

20 g Ingwerpulver

200 g Kirschen (ohne Kerne)

3 Tropfen Tabasco

50 g gekochte Kartoffeln

50 g Bärlauch

2 EL gesegnetes (Quell)wasser

Alles im Mixer gut pürieren und langsam trinken!

Hat viel Power!

Wer gerne feurige Smoothies mag, die trotzdem ungewöhnlich schmecken, der ist hier genau richtig!

22.) Trolle Smoothie

„frecher Burschie"[6]

1 rote Paprikaschote

2 Kiwis (geschält)

1 großer roter Apfel (mit Kernen)

100 g Heidelbeeren

7 Blatt Zitronenmelisse

2 reife Bananen

½ Bund Petersilie

2 EL gesegnetes (Quell)wasser

Alles im Mixer fein pürieren und zügig austrinken, reicht auch für andere Freunde mit, sagen die Trolle…

Vorsicht: schmeckt so gut, dass man es immer wieder zubereiten möchte…

23.) Gnom Smoothie „tralalalala"

½ Liter Kokosmilch

¼ Liter Apfelsaft

1 Bund Schnittlauch

5 Walnüsse (ohne Schale)

3 Eicheln (ohne Schale)

29 g Bohnenkraut

1 TL Zimt

Alles im Mixer gut verarbeiten. Schmeckt wie Südseeurlaub unter dem Tannenbaum...

24.) Hutzlibub Smoothie

„ Ich bin immer unterwegs"[*6]

¼ Liter Traubensaft

½ Glas Mandelmus (oder ihr nehmt kleingeschnittene Mandeln etwa 50 g)

1 Prise Steinsalz (oder anderes gutes Salz)

1 TL Zimt

1 Prise Koriander

20 g Bärlauch (oder im Winter geht auch Knoblauch)

½ Mark einer Vanilleschote

1 reife Avocado (ohne Kern)

2 EL gesegnetes (Quell)wasser)

Alles im Mixer gut klein machen. Schmeckt nach Reiselust...

Sagt Hutzlibub, der Wichtel, der ständig über die spirituellen Regenbögen überall dorthin reist, wo man ihn mag...

25.) Helmbert Smoothie „Topinambur Träume"[6]

100 g Topinambur (gekocht oder gedämpft, ohne Schale)

250 ml Traubensaft

1 Bund Petersilie

½ Bund Schnittlauch

1 EL Ahornsirup

50 g Brennnesselblätter

2 EL gesegnetes (Quell)wasser

Alles in den Mixer geben und wirklich ganz fein pürieren.

Helmbert, der Zwerg, wünscht euch gute Träume!

26.) Barnabas Smoothie

„Kiwi Power"[6]

5 Kiwis (geschält)

1 Apfel (geschält ohne Kerne)

1 Bund Selleriekraut (oder Staudenseelerie)

100 ml Hafermilch

100 ml Tomatensaft

1 Tropfen Tabasco

1 Schälchen Heidelbeeren (auch tiefgefroren, dann 100gr)

4 EL gesegnetes (Quell)wasser

Alles in den Mixer geben und einfach genießen!

Barnabas, der Zwerg, liebt Extras!

27.) Horvath Smoothie

„ Reinigung pur"[6]

50 g Bärlauch (oder die gleiche Menge eines anderes Lauches)

1 kleine Schalotte (geschält und kleingeschnitten)

1 Zitrone (ausgepresst)

100 ml Ananassaft

100 ml Karottensaft

3 große rote Äpfel (ohne Schale und Kerne)

1 Prise Koriander

2 TL Spirulinapulver

2 EL gesegnetes (Quell)wasser

Alles gut mixen und genießen. Die Wirkung kommt bald!

Liebe Grüße sagt Horvath, das Wichtelmännchen.

28.) Adalbert Smoothie

„Für Gretel"[*6]

1 großer roter Apfel (ohne Kerne)

¼ gekochter weicher Hokaido Kürbis

1 TL Zimt

1 Prise gutes Salz (ohne Jod)

½ Bund Petersilie

100 g Heidelbeeren (auch tiefgefroren möglich)

5 Karotten (gewaschen und nicht geschält, klein schneiden)

100 ml Sojamilch oder Hafermilch

2 EL gesegnetes (Quell) wasser

Alles im Mixer gut pürieren und dann genießen. Adalbert, der Zwerg, hat dieses Rezept soeben „live" für Margarete = Gretel, durchgegeben.

Sie bedankt sich gerade dafür…

29.) Nymphen Smoothie
„Winterzauber"[6]

½ Liter Kokosmilch

2 Mandarinen (geschält)

1 Orange (geschält)

50 g Rapadura Zucker mit Zimt gemischt

1 Stangensellerie

½ Mark einer Vanilleschote

1 Prise Steinsalz (oder anderes gutes Salz)

Alles gut mixen und genießen!

Vertreibt die Winterkälte und macht Lust auf den Sommer!

(Ja, ja, die Nymphen wissen was wir wollen…)

30.) Pan Smoothie

„ Friedensenergie"[6]

250 g Kirschen (ohne Kerne) auch tiefgefroren möglich

½ Bund Petersilie

1 Petersilienwurzel (wenn nicht zu bekommen, 1 Bund Petersilie nehmen)

Ein paar Tropfen gutes natives Olivenöl

2 Birnen

¼ Mark der Vanilleschote

100 gehobelte Mandeln

7 Blatt Zitronenmelisse

5 Walnüsse (ohne Schale)

2 EL gesegnetes (Quell)wasser

Mixen und genießen!

Bei diesem Smoothie ist „Frieden pur" angesagt!

31.) Sylphen Smoothie

„Für Flora Bella"[*6]

250 g Himbeeren

100 ml Ananassaft

1 Avocado (ohne Kern)

1 Papaya (ohne Kern)

3 Birnen

2 EL Ahornsirup

2 TL Spirulinapulver

50 g Bärlauch

100 g Heidelbeeren (auch tiefgefroren möglich)

1 Prise Koriander

1 TL Chlorellapulver

2 EL gesegnetes (Quell)wasser

SUPER LECKER! GESUNDHEIT + REINIGUNG PUR!

32.) Gnom Smoothie
„Schabernack"[*6]

1 rote Paprikaschote (ohne Innenleben)

1 Orange (ausgepresst)

30 g Ingwerpulver

2 Tropfen Tabasco

1 Stangensellerie, oder Knollensellerie, etwa 30 gr

1 Kiwi (geschält)

100 ml Tomatensaft

1 reife Banane (geschält)

Alles gut mixen und vom Geschmack überraschen lassen!

Für manche ist ein Schabernack es zu trinken, für andere ihn zu servieren, sagte mir der Gnom...

33.) Feen Smoothie

„Avocado unlimited"[6]

4 reife Avocados (ohne Kerne natürlich...)

1 gute Prise Steinsalz (oder anderes gesundes Salz)

3 Umdrehungen mit der Pfeffermühle (schwarzer Pfeffer)

1 Prise Koriander

½ Mark der Vanilleschote

100 ml Sojamilch

2 EL gesegnetes (Quell)wasser

Alles gut mixen und probieren!

Schmeckt traumhaft gut!

Danke, ihr lieben Feen dafür!

34.) Elfen Smoothie

„für Christiane"[6]

5 Blatt Zitronenmelisse

3 Karotten (gewaschen, nicht geschält, zerkleinert)

½ TL gutes natives Olivenöl

50 g Brennnesselblätter

1 Paprikaschote (rot)

100 ml gesegnetes (Quell)wasser

200 g Himbeeren

100 g Mandelmus

Alles gut mixen und genießen! Schmeckt sehr lecker und gibt viel Energie, sagen die Elfen!

35.) Wichtel Smoothie

„ schön farbig"*6

1 TL Spirulinapulver

1 Bund Petersilie

100 g Erdbeeren (auch tiefgefroren möglich)

1 gelbe (oder rote) Paprikaschote (ohne Innenleben)

2 x schwarzer Pfeffer aus der Mühle

1 EL Ahornsirup

5 Blatt Zitronenmelisse (vorsichtig pflücken)

50 g gehackte Haselnüsse

2 EL gesegnetes (Quell)wasser

Alles mixen und achtet auf die Farbunterschiede dabei.
Schmecken tut´s ein wenig nussig mit süßem Meeresaroma.

Ja, die Wichtel, die lieben Freunde...

36.) Bertelbart Smoothie

„Curry Power"[*6]

100 ml Reisdrink

3 Blatt Zitronenmelisse

2 reife Birnen

2 TL Curry

½ Bund Petersilie

1 reife Banane

20 g Bohnenkraut

2 EL gesegnetes (Quell)wasser

Alles mixen und bei Bedarf noch etwas mehr Currypulver nehmen, sagt unser Zwergenfreund, Bertelbart.

37.) Nymphen Smoothie „Fenchelitis"[6]

¼ Liter Kokosmilch

Saft einer ½ Zitrone

1 Fenchelknolle (solange dünsten, bis sie weich ist)

½ Bund Petersilie

1 Prise Koriander

1 Prise Kardamon

1 Tropfen Tabasco

100 ml Hafermilch

1 TL Sanddornsaft

2 EL gesegnetes (Quell)wasser

Alles gut mixen und dann den unwiderstehlichen Geschmack genießen (sagen die Naturwesen).

38.) Hutzlibub Smoothie

„für Gertrud"[*6]

200 g Erdbeeren (auch TK möglich)

200 g Himbeeren (auch TK möglich)

100 g Mandelblätter

2 Birnen

1 Artischocke (sollte weich gemacht werden)

1 Prise Koriander

50 g Bärlauch (oder Knoblauch)

2 EL gesegnetes (Quell)wasser

Alles mixen und solange pürieren, bis es trinkbar ist.

Hutzlibub, der sich oft bei Gertrud aufhält, hat mir gerade dieses Rezept für euch durchgegeben. Guten Appetit!

39.) Nixen Smoothie

„ Blumenkohl Power"[6]

½ Blumenkohlkopf (dünsten)

1 Avocado

2 Orangen (ausgepresst)

1 EL Ahornsirup

1 Tropfen Tabasco

100 ml Reismilch

Etwas Salz und Pfeffer (nach Geschmack)

2 EL gesegnetes (Quell)wasser

Alles gut mixen, bis es trinkbar ist. Mit Pfeffer und Salz abschmecken. Gibt Kraft und Energie!

Gutes Gelingen wünschen die Nixen!

40.) Zwergen Smoothie

„Palmen und Strand"[*6]

4 kleingeschnittene Datteln

3 kleingeschnittene Feigen

100 ml Ananassaft

50 ml Kokosmilch

½ TL Sanddornsaft

1 ausgepresste Zitrone

½ Bund Petersilie

2 EL gesegnetes (Quell)wasser

Alles solange mixen, bis es trinkbar ist.

Schmeckt nach Urlaub unter Palmen!

Danke, ihr lieben Zwerge!

41.) Elfi Smoothie

„Holunder-Liebe"[6]

150 ml Holundersaft

1 rote Paprikaschote (ohne Innereien)

¼ Mark Vanilleschote

10 g Bohnenkraut

1 Prise Zimt

3 ganz fein geriebene Möhren

2 EL gesegnetes (Quell)wasser

Alles liebevoll mixen. Der süßliche Geschmack ist vielleicht ungewöhnlich, aber sehr gesund!

Elfi, die kleine Elfe, hat da ja was Wundervolles durchgegeben… Danke sehr!

42.) Elfi Smoothie

„ für Sabine"[6]

100 g Heidelbeeren (auch TK möglich)

2 TL Ahornsirup

1 rote Paprikaschote (ohne Innenleben)

¼ Mark einer Vanilleschote

5 Blatt Zitronenmelisse

100 g Himbeeren (auch TK möglich)

100 g gehobelte Mandeln

½ Bund Petersilie

2 EL gesegnetes (Quell)wasser

Alles liebevoll im Mixer pürieren, bis es trinkbar ist. Sehr gesund mit vielen Vitaminen!

Danke schön, liebe Elfe sagt Sabine und „Gottes Segen für Dich!"

43.) Feen Smoothie

„Beeren Kraft"[46]

100 g Brombeeren (auch TK möglich)

100 g Himbeeren (auch TK möglich)

30 g Ingwerpulver

1 Prise Rosmarin

1 Kiwi

1 reife Banane

1 Stangensellerie (oder 50 g Knollen Sellerie)

50 ml Tomatensaft

2 EL gesegnetes (Quell)wasser

Alles gut mixen und „musig" werden lassen.

Gibt „beerige" Kraft!

Danke, ihr lieben Feen!

44.) Einhorn Smoothie

„Vanille Himbeer Leckerlie"

200 g Himbeeren

½ Mark Vanilleschote

1 Prise Zimt

50 g kleingehackte Cashewkerne (ohne Salz!)

1 EL Ahornsirup

20 g Löwenzahnblätter (liebevoll pflücken!)

30 g Rosinen

100 ml gesegnetes (Quell)wasser

Alles gut mixen und pürieren.

Schmeckt ungewöhnlich lecker!

Danke schön für dieses Rezept, liebe Einhörner!

45.) Adalbert Smoothie

„ wundervolles Etwas"[6]

250 g Kirschen (ohne Steine)

2 TL Carobpulver

3 Aprikosen

100ml Hafermilch

50 g Bärlauch (oder Knoblauch möglich, auch TK)

1 Prise Basilikum

1 Schälchen Kresse (nur der grüne Teil)

2 EL gesegnetes (Quell)wasser

Alles gut mixen und dann Genuss pur!

Schmeckt gut und is(s)t gesund!

Danke Adalbert!

46.) Hutzlibub Smoothie

„für Johannes"[*6]

½ Mark einer Vanilleschote

150 g gehobelte Mandeln (einweichen über Nacht!)

1 EL Ahornsirup

1 Bund Petersilie

1 Prise Koriander

1 TL Zimt

2 rote Äpfel (ohne Schale und Kerne)

100 ml Hafermilch

1 Papaya

2 EL gesegnetes (Quell)wasser

Alles gut mixen und genießen!

Danke für „mein eigenes" Rezept, Hutzlibub, meen Gütster, wie die Sachsen sagen würden...

47.) Kobold Smoothie

„Pfefferminz Star"[6]

100 ml Ananassaft

30 ml Mandelmus

50 g Pfefferminzblätter

1 rote Chilischote

1 Pellkartoffel (ohne Schale)

1 Tropfen Tabasco

50 ml Tomatensaft

2 EL gesegnetes (Quell)wasser

Alles gut mixen. Die Mischung aus Minze und Feurio… hui !!!!

Na du bist mir einer, lieber Kobold!!! (lach!)

48.) Elfi Smoothie „ für Moni“[*6]

150 g Kirschen (ohne Kerne)

1 Stangensellerie

150 ml Traubensaft

1 Prise Steinsalz

½ Vanilleschote (Mark daraus)

1 Kiwi

1 Prise Salbei

2 EL gesegnetes (Quell)wasser

Alles gut mixen und den Geschmack auf der Zunge zergehen lassen!

Danke Elfi, werde es Moni auch sagen!

49.) Zwergen Smoothie

„Einfach + schnell"[6]

100 ml Apfelsaft

200 g Erdbeeren

200 g Himbeeren

½ Bund Petersilie

2 EL gesegnetes (Quell)wasser

Bitte alles liebevoll mixen und dann genießen!

Danke, meine Freunde!

50.) Adalbert Smoothie

„ für Doris "[6]

100 g Himbeeren

1 rote Paprikaschote

1 Tropfen Tabasco

1 EL Ahornsirup

1 Kiwi

1 EL Carobpulver

2 EL Rosinen (wenn möglich vorher einweichen)

2 EL gesegnetes (Quell)wasser

Alles gut mixen und schön „musig" machen. Hat viel Energie + Vitamine.

Doris sagt „Danke" dafür!

Adalbert hat es gern getan!

51.) Pan Smoothie

„ Heimatliebe"[6]

100 g Kirschen (ohne Steine)

2 rote Äpfel (komplett)

100 g Himbeeren

20 g Löwenzahnblätter (liebevoll pflücken)

50 g Salatgurke

100 ml gesegnetes (Quell)wasser

Alles liebevoll mixen und langsam trinken, am besten jeden Schluck einspeicheln.

Danke schön, lieber Pan!

52.) Bergnymphen Smoothie

„ Energie!"[6]

Saft eines Granatapfels

¼ Mark einer Vanilleschote

1 Tropfen Tabasco

100 g Heidelbeeren (auch TK möglich)

1 Avocado (ohne Kern)

100 ml gesegnetes (Quell)wasser

Alles zusammen mixen und dann genussvoll Schluck für Schluck die Vitaminenergie genießen!

Danke, ihr Lieben!

„Gern geschehen, Johannes!"

53.) Hutzlibub Smoothie

„für Ulli"[*6]

¼ Liter Kokosmilch

2 Kiwis (geschält)

½ Bund Petersilie

¼ Mark der Vanilleschote

50 ml Reismilch

100 g Himbeeren

2 EL gesegnetes (Quell)wasser

„Alle Zutaten liebevoll mixen und dann langsam (gell Ulli?) trinken. Ich weiß, die Verlockung ist groß, es schnell herunterzustürzen."

Danke für deinen Kommentar, Hutzlibub!

Ulli freut sich bestimmt darüber!

„Logo!" (sagte der kleine Schelm (lachend))

54.) Helmbert Smoothie

„Zimtusleckerus"[6]

2 TL Zimt (!!!)

150 ml Reismilch

2 EL Rapadura Zucker

150 g Erdbeeren (auch TK möglich)

30 g Pfefferminzblätter

¼ Selleriestange

2 EL gesegnetes (Quell)wasser

Alle Zutaten mixen und dann dürft ihr diesen süßen Genuss
probieren.

Hey, Helmbert, alter Schwede, woher kennste denn so ein
Rezept?

„Betriebsgeheimnis…" (Er grinst!)

55.) Baumwesen Smoothie

„ grün ist der Smoothie"[6]

1 Bund Petersilie

¼ Salatgurke

1 Schälchen Kresse

1 Prise Dill

10 g Bohnenkraut

1 grüner Apfel (ohne Kerne)

2 EL gesegnetes (Quell)wasser

Alles liebevoll klein schneiden und mixen bis es „musig" ist.

Schmeckt ungewöhnlich, aber interessant und ist sehr gesund!

Hab Dank, liebes Baumwesen!

56.) Bertelbart Smoothie „Pampelmusius"[6]

1 große Pampelmuse bzw. Grapefruit ausgepresst, ohne Kerne

2 Orangen (ausgepresst)

1 rote Paprikaschote

5 Aprikosen (ohne Stein)

2 Prisen Currypulver

100 ml gesegnetes (Quell)wasser

Alles zusammen mixen und probieren…

Interessanter Geschmack!

Ja, Bertelbart ist immer für eine Überraschung gut…
Pampelmusius… lustig!

„Freut mich, dass es dir gefällt, Johannes."

57.) Kobold Smoothie

„für Uwe"

1 scharfe Chilischote

3 Tropfen Tabasco

6 Blatt Zitronenmelisse

30 g Pfefferminzblätter

100 ml Sojamilch

50 ml Tomatensaft

2 EL gesegnetes (Quell)wasser

Alles wird gemixt und „musig" gemacht.

Sehr scharf! Mein lieber Mann!

Uwe scheint es zu lieben...

(und wahrscheinlich auch einige von euch...)

58.) Elfen Smoothie „Herzensfreude"[46]

200 g Kirschen (ohne Steine)

30gr Ingwerpulver

1 Prise Zimt

150 g Erdbeeren

1 Pellkartoffel (ohne Schale)

½ Papaya

5 EL gesegnetes (Quell)wasser

Alles bitte liebevoll mixen und dann genießen!

Schmeckt klasse!

Vielen Dank, liebe Elfen dafür!

59.) Friedensdeva Smoothie

„ Lichtvoll"[6]

50 g Bärlauch

10 g Koriander

2 TL Chlorellapulver

20 g Pfefferminzblätter

2 reife Birnen

100 ml gesegnetes (Quell)wasser

Alles liebevoll mixen! Sehr gesund und nahrhaft! Hilft dem Körper zu entgiften!

Hab Dank dafür, Friedensdeva!

60.) Fee Linde Smoothie

„ Lichtvoll sein"[6]

2 Kiwis (geschält)

100 ml Ananassaft

½ Mark der Vanilleschote

100 g Heidelbeeren (auch TK möglich)

½ Selleriestange

2 reife Birnen (entkernen)

2 EL gesegnetes (Quell)wasser

Bitte alles liebevoll schneiden und in den Mixer geben bis alles fein püriert ist.

Es hat eine lichtvolle Schwingung!

Danke schön, liebe Freundin, Fee Linde!

61.) Undinen Smoothie

„ Frische Brise"[46]

2 TL Spirulinapulver

2 Kiwis (geschält)

100 g Brombeeren (auch TK möglich)

1 ausgedrückte Zitrone

1 Prise Koriander

1 Prise Zimt

2 EL gesegnetes (Quell)wasser

Wenn alles im Mixer ist, schön pürieren und dann genießen.

Die Meeresschwingung kommt feinstofflich daher!

Ein Lob den Undinen, vielen Dank!

„Winke, winke" spürte ich liebevoll...

62.) Bergmännchen Smoothie „Jubelfest"[*6]

100 g Kirschen (ohne Kerne)

100 g Erdbeeren

100 g Himbeeren

100 g Heidelbeeren

½ Selleriestange

3 EL gesegnetes (Quell)wasser

Alles liebevoll mixen. Bei TK Ware ist es halt etwas kälter. Schmeckt recht süffig!

Danke, ihr lieben Bergmännchen. Ihr macht euch ja so rar, dass wir kaum Kontakt zu euch haben, daher freut mich dieses Rezept jetzt sehr!

63.) Lichtelfen Smoothie

„ Gesundungstrunk"[*6]

1 EL Ahornsirup

2 Kiwis (geschält)

1 Sharon (innen Fruchtfleisch)

1 Avocado (Fruchtfleisch)

¼ Mark der Vanilleschote

Etwas Schnittlauch (höchstens 20 gr)

100 ml gesegnetes (Quell)wasser

Alles liebevoll im Mixer zu Mus machen und danach trinken.

Danke schön, ihr Lichtelfen!

„Gern geschehen, Johannes! Lob und Preis, GOTTVATER!"

„Das wünsch ich auch!"

64.) Baumbeschützer Smoothie

„Wer braucht Erdung?"[*6]

2 Topinambur (we ch gedämpft)

100 ml Ananassaft

½ Bund Petersilie

½ Schlangengurke

1 Pellkartoffel (ohne Schale)

2 EL gesegnetes (Quell)wasser

50 g Brombeeren

Alles liebevoll in den Mixer geben und dann zur Erdung schluckweise trinken.

Danke. Ihr Lieben dafür! Erdung ist immer gut!

„So ist es!"

65.) Fee Holler Smoothie

„ Gut und gerne trinken"[6]

1 Avocado (Fruchtfleisch)

¼ Liter Kokosmilch

2 EL Ahornsirup

1 Prise Koriander

1/3 Stange Sellerie

100gr Kirschen (ohne Steine)

1 Prise Zimt

5 EL gesegnetes (Quell)wasser

Alles gut mixen und langsam trinken. Sehr gesund und vitaminreich!

66.) Horvath Smoothie

„ kühl genießen"[6]

100 g Himbeeren

100gr Brombeeren

100 ml Tomatensaft

½ Bund Petersilie

2 EL gesegnetes (Quell)wasser

1 Eiswürfel (zerkleinert)

Alles im Mixer so lange bearbeiten, bis es sich kühl und süffig trinken lässt…

Wow! Horvath, Klasse! Wusste nicht, dass du so „cool" im wahrsten Sinne des Wortes bist…

„Da kannste mal sehen, Johannes…"

In der Tat…

67.) Pegasus Smoothie

„ Der Winter Smoothie"[6]

1 TK Beerenmischung (ca. 450 gr)

1 Bund Petersilie

100 ml Traubensaft

100 ml gesegnetes (Quell)wasser

Die tiefgekühlte Beerenmischung auftauen lassen und alles zusammen im Mixer pürieren.

Hat was… im kalten Winter… findet Pegasus…

Hutzlibub sagt gerade, dass das die passende Mischung ist, wenn man auf die Schnelle ein Smoothie möchte…

68.) Hurtimann Smoothie

„überall ist Schnee"[46]

1 Packung TK Petersilie (besser ist natürlich frisch)

50 ml Kokosmilch

1 geschälten Apfel

2 geschälte Mandarinen

1 Tropfen Tabasco

2 EL gesegnetes (Quell)wasser

Alles mixen und frisch genießen!

Hurtimann ist ein kleiner Wichtel, der bei unserer Freundin Ulli wohnt und sich liebevoll um den Hund des Hauses kümmert...

Hab Dank für dieses wundervolle Rezept, lieber Hurtimann!

69.) Wachtmann Smoothie

„Wach bleiben!"[6]

2 EL gesegnetes (Quell)wasser

2 zerdrückte Knoblauchzehen

25 ml Ananassaft

½ TL Guarana Pulver

5 Blättchen Basilikum

100 ml Kokosnussmilch

Wow! Wachtmann, lieber Zwergenfreund, das ist ja heftig!

Wachtmann: „Ihr Lieben, das hält wach, schmeckt, wie ich finde, gut und ist gesund!"

Danke, lieber Zwergenfreund aus dem Naturwesenreich!

70.) Hartlbert Smoothie

„ ich liebe fröhliche Menschen"[6]

¼ Kohlrabi (geschält)

1 überreife Banane

50 ml Kokosmilch

50 ml Ananassaft

1 Bund Petersilie

Alles mixen und beim Trinken lächeln…

Hartlbert ist auch ein Zwerg und ein lebensfroher dazu…

Hab Dank für dieses leckere Rezept!

71.) Elfi-Ra Smoothie

„ ich liebe es musig"[*6]

1 Glas Mandelmus (125 g)

2 EL gesegnetes (Quell)wasser

1 weiche Banane

1 kleine Papaya (mit Kernen)

100 ml Traubensaft

Alles gut miteinander mixen und schluckweise auf der Zunge zergehen lassen, sagt die kleine Elfe Elfi-Ra.

Hab Dank für dieses liebevolle Rezept!

„Probier es aus, Johannes... es schmeckt nach mehr..."

Ich probier es aus, Elfi-Ra!

72.) Hanselmann Smoothie

„oranges Allerlei"[*6]

2 Orangen (ausgepresst mit Fruchtfleisch)

1 große Papaya (ohne Kerne)

½ Hokaido Kürbis (vorher gedämpft, da er sonst etwas hart ist)

2 EL gesegnetes (Quell)wasser

3 Khaki (das komplette Fruchtfleisch)

100 ml Apfelsaft

Alles komplett mixen und diesen intensiven Smoothie genießen! Sehr gesund und vitaminreich!

Dankeschön, Hanselmann!

Er ist ein Zwerg, der sich telepathisch gemeldet hat und am Buch teilnehmen möchte.

Vielen Dank, lieber Hanselmann!

73.) Pan Smoothie

„purer Genuss"[6]

1 große oder 2 kleine Papaya (Fruchtfleisch und Kerne)

3 EL gesegnetes (Quell)wasser

2 reife Bananen (bitte oben und unten 1cm wegschneiden)

100 ml Ananassaft

1 Bund Petersilie

Alle Zutaten klein schneiden und im Mixer liebevoll verarbeiten.

„Schmeckt sehr lecker!" sagt Pan.

Vielen Dank lieber Pan!

74.) Nixen Smoothie

„ungewöhnlich interessant"[6]

4 EL gesegnetes (Quell)wasser

100ml Traubensaft

30 g frischgezogene Kresse

1 TL Zimt

½ TL Spirulina Alge

1 Khaki (mit Fruchtfleisch)

Alles gut mixen und genießen!

Schmeckt ungewöhnlich und ist sehr gesund!

Danke ihr lieben Nixen!

75.) Hutzlibub Smoothie

„ gegen die Winterkälte"[6]

Wenn ihr keinen warmen Tee trinken wollt, empfiehlt Hutzlibub folgenden Smoothie:

¼ Ingwerknolle

2 EL gesegnetes (Quell)wasser

1 TL Rapadura Zucker

½ TL Koriander

100 ml Kokosmilch

1/3 Chilischote

Alles gut mixen und genießen. Der Smoothie kann auch ohne Chili eingenommen werden oder der Kokosmilch Anteil verdoppelt werden. Je nach Schärfegefühl!

Das ist er, unser Hutzlibub, liebenswert und knuddelig!

76.) Einhorn Smoothie

„ich bin in meiner Mitte"[6]

50 ml Traubensaft

1 reife Banane

1 Bund Petersilie

2 EL gesegnetes (Quell)wasser

1 Tropfen Tabasco

50 ml Kokosmilch

½ TL Zimt

Nach dem Mixen schluckweise genießen. Holt einen in die Mitte zurück.

Danke, ihr lieben Einhörner für diesen außergewöhnlichen Smoothie!

77.) Undinen Smoothie

„herrlich erfrischend"

7 Blätter Zitronenmelisse

100 ml Apfelsaft

2 EL gesegnetes (Quell)wasser

1 Bund Schnittlauch

1 Bund Petersilie

50 ml Kokosmilch

Herrlich erfrischend und sättigend, sagen die Undinen.

Vielen Dank dafür!

78.) Hutzlibub Smoothie

„erdig gut"[*6]

½ TL Tonerde

1 TL Chlorella Alge

2 EL gesegnetes (Quell)wasser

1 TL Carobpulver

200 ml Hafermilch

1-2 Tropfen Tabasco

Hutzlibub hat sich wieder vorgedrängelt und mir dieses liebevolle Rezept kredenzt…

Gracias Amigo!

„de nada…" sagte er schwelmisch.

79.) Bertelbart Smoothie

„Smoothie nicht Schmusie"[6]

150 ml Birnensaft

50 ml Pflaumensaft

1 vollreife Banane

1 EL Sanddornsaft

5 Kerne des Granatapfels

2 EL gesegnetes (Quell)wasser

3 Blatt Melisse

Alles gut mixen und dann: Wow!

Schmeckt irgendwie außerirdisch...

Na, dann bin ich aber gespannt...

„Bedankt..." wie die Niederländer sagen...

80.) Hutzlibub Smoothie

„Nur für Hartgesonnene"[6]

Ich, (Johannes), muss dazu sagen, dass ich Hutzlibub von der Stinkfrucht (Durian) vorgeschwärmt habe und sie in einigen asiatischen Hotels mit Hausverbot geahndet werden (hab ich mir sagen lassen). Hutzlibub ist gleich über den spirituellen Regenbogen dorthin gereist, wo Durian wächst und hier ist das Rezept des Smoothie:

½ Durianfrucht

100ml Traubensaft

1 Knoblauchzehe

2 Tropfen Tabasco

2 EL gesegnetes (Quell)wasser

Alles gut mixen (und im Freien herstellen, sagt unser Wichtel mit Augenzwinkern...)

Nur für Mutige (und wenn die Schwiegermutter zu Besuch ist) gibt Hutzlibub noch seinen „Senf" dazu...

81.) Feen Smoothie

„Alles ist gut"[6]

„Hört, hört, liebe Feen… Das ist einer meiner Buchtitel… Bin mal aufs Rezept gespannt…"

100 ml Birnensaft

100 ml Apfelsaft

100 ml Pflaumensaft

1 Bund Petersilie

30 g Mandelmus.

Schmeckt gut und keiner weiß wonach… (wurde mir gerade gesagt…)

Muchas gracias, ihr lieben Feen…

„De nada…" (bitte schön)

82.) Feuerwesen Smoothie

„Ausnahmsweise sanft"[6]

100 ml Karottensaft (ohne Honig! Ist ein veganes Rezeptbuch)

100 ml Pflaumensaft

2 Tropfen Tabasco

1 Bund Petersilie

2 EL gesegnetes (Quell)wasser

Alles gut mixen und dann… grins!

„So, ihr lieben Feuerwesen… Das ist sanft???"

Antwort: „Ein scharfes Rezept kommt noch…"

83.) Adalbert Smoothie

„Ach ja..."[*6]

100 ml Rote Beete Saft

50 g Mungbohnensprossen

1 TL Zimt

2 EL gesegnetes (Quell)wasser

100 ml Pflaumensaft

Herrlich, Adalbert!

Jetzt kommt Leben in die Bude!

„Gern geschehen, Johannes..."

84.) Hurtimann Smoothie

„Frühlingserwachen"[6]

3 Frühlingszwiebeln

100 ml Sauerkrautsaft

1 Tropfen Tabasco

1 Bund Petersilie

100 ml Apfelsaft

2 EL gesegnetes (Quell)wasser

Na, du bist ja ein Schlingel… Frühlingserwachen… auf dem Örtchen???"

Ich probier es aus!

„Ist das ne Art von Darmreinigung?" frage ich noch…

Er grinst!

85.) Pan Smoothie

„Garten-Liebe"[46]

100 ml Holunderbeeren

100 ml Apfelsaft

1 TL Koriander

2 reife Bananen

2 EL gesegnetes (Quell)wasser

Alles gut durchmixen und dann: Schluck für Schluck reine Natur genießen!

Ich fragte Pan, wie denn Bananen in unseren Garten kommen und der Koriander…

Die Antwort folgte sofort: „Gärten gibt es nicht nur in Deutschland…"

„Oh wie wahr, Pan…"

86.) Elfen Smoothie

„Erden-beeren Traum"[46]

100 g Erdbeeren

100 g Brombeeren

100 g Himbeeren

2 EL gesegnetes (Quell)wasser

1 Bund Radieschen (mit Blätter)

Gut und kräftig mixen, nachdem alles gut gesäubert wurde und alle Himbeeren untersucht wurden, damit keine „Mitbewohner" in ihnen sind.

Schmeckt fruchtig lecker!

87.) Nymphen Smoothie

„Rotes Allerlei"[*6]

100 ml Traubensaft

50 ml Kirschsaft

50 ml Rote Beete Saft

1 Bund Petersilie

1 rote Chilischote

2 EL gesegnetes (Quell)wasser

Alles gut mixen und dann das rote Elixier genießen! Es hilft gegen Müdigkeit!

Danke schön, ihr lieben Nymphen!!!

„Gern geschehen, Johannes! Viel Freude beim verkosten!"

88.) Feuerwesen Smoothie

„ausnahmsweise scharf...“[*6]

4 Tropfen Tabasco

1 Chilischote

150 ml Kokosmilch

1 Bund Petersilie

2 EL gesegnetes (Quell)wasser

Uih! Kann ich nur sagen!

„für Jungs und Mädels die es gerne feurig wollen...“

89.) Zwergen Smoothie

„Grüne Wiese" [6]

30 g Gänseblümchen

30 g Löwenzahnblätter

2 grüne Äpfel

2 EL gesegnetes (Quell)wasser

1 grüne Paprikaschote

100 ml Birnensaft

Alles gut mixen und liebevoll genießen!

Danke schön für das wundervolle Rezept!

90.) Heinzelmännchen Smoothie

„guten Appetit"[6]

30 ml Tomatensaft

30 ml Apfelsaft

50 ml Birnensaft

100 ml Mandelmus

1 Bund Petersilie

2 EL gesegnetes (Quell)wasser

½ TL Zimt

Alles gut mixen und schluckweise einspeicheln. Es hilft den Appetit zu zügeln

Danke, ihr lieben Heinzelmännchen. Ich gebe es sofort weiter zum Testen!

91.) Adalbert Smoothie

„Gesundes Leckerlie"[6]

½ Artischocke (oder das Pulver aus 10 Trockenkapseln nehmen)

100 ml Ananassaft

100 ml Kokosmilch

Saft einer Zitrone

1 Prise Koriander

2 EL gesegnetes (Quell)wasser

Alles gut mixen und innerhalb einer Viertelstunde austrinken. Hilft den Darm von Blähungen zu befreien, sagt unser Zwergenfreund.

92.) Wichtelmann Smoothie

„Schön lecker"[6]

10 g Liebstöckl (oder Schabzigerklee)

30 g Gojibeeren (getrocknete)

1 TL Braunhirse

100 g Maulbeeren

2 EL gesegnetes (Quell)wasser

Saft einer ¼ Wassermelone

Alles mixen und mmmh: Lecker genießen!

„Danke ihr lieben Wichtel für das wundervolle Rezept!"

„Gern geschehen, Johannes!" sagten sie daraufhin.

93.) Barnabas Smoothie

„ Ungewöhnlich süffig"[6]

1 TL Erdmandelflocken

1 TL Sesamsaat

5 Walnüsse (nur die Innereien... hihihi)

200 ml Heidelbeersaft

50 ml Birnensaft (oder Birnendicksaft)

1 Bund Petersilie

Alles in den Mixer geben und dann langsam und genussvoll trinken. Es ist gesund und sehr lecker!

Danke Barnabas, alter Freund!

94.) Lichtelfen Smoothie

„Verträumt"[6]

30 g Zedernnüsse

50 g gehobelte Mandeln

5 Litschis (nur das Fruchtfleisch)

Das Fruchtfleisch einer Avocado

2 EL gesegnetes (Quell)wasser

2 Prisen frisch gemahlener Pfeffer

10 Maulbeeren

Alles liebevoll in den Mixer geben und den außergewöhnlichen Geschmack genießen. Dieser Smoothie schmeckt nach ….

„Aha! Bin schon gespannt, ihn zu genießen! Danke, liebe Lichtelfen für eure telepathische Kontaktaufnahme!"

95.) Friedbert Smoothie

„Allgäuer Allerlei"[6]

10 g Schafga(r)be

10 g Beifuß

150 ml frisch gepresster Apfelsaft

1 Bund Petersilie

2 EL gesegnetes (Quell)wasser

5 Eicheln (geknackt, ohne Schale)

Alles liebevoll mixen und dann genussvoll trinken.

Danke schön, lieber Friedbert! Ihr Zwerge seid doch immer für eine Überraschung gut. Ich habe mich sehr über das Rezept bedankt!"

„Gern geschehen, Johannes. Viel Freude damit!"

96.) Elfi-Ra Smoothie

„Hawaiian Feeling"*6

150 ml Kokosmilch

2 EL gesegnetes (Quell)wasser

100 ml Ananassaft

1 Avocado (sie sollte ziemlich reif sein)

¼ Honigmelone

„Alle Zutaten gut vermixen und dann genießen. Schließt eure Augen und stellt euch beispielsweise vor, ihr seid am Stand von Maui auf Hawaii und genießt die wärmenden Strahlen der Sonne!"

Das hast du aber wundervoll kredenzt, liebe Elfi-Ra…

97.) Adalbert Smoothie

„Rustikal und bodenständig"[6]

5 Walnüsse

7 Haselnüsse

2 Paranüsse

5 Cashewnüsse

3 Eicheln (alle Nüsse natürlich ohne Schale)

2 EL gesegnetes (Quell)wasser

50 g Huflattich Blätter

1 Prise Schabzigerklee

100 ml Kirschsaft

Alles gut mixen und dann den erdig-süßen Geschmack auf der Zunge zergehen lassen! Schmeckt nach Zugabe!

„Da bin ich aber gespannt, Adalbert, wie der Smoothie ankommt!"

98.) Bertelbart Smoothie

„Kräuterologisches"[6]

30 g Löwenzahnblätter

100 g Gänseblümchen

150 ml Preiselbeeren (oder Saft)

7 EL gesegnetes (Quell)wasser

50 g Liebstöckel

20 g Beifuß

Alles im Mixer gut durchmixen und das „Gesunde etwas" zu sich nehmen!

„Danke schön, lieber Bertelbart, Zwergenfreund!"

99.) Pan Smoothie

„Pan Speciale"[6]

Saft von 2 Zitronen oder Limetten

100 ml Kokosmilch

2 EL gesegnetes (Quell)wasser

1 großer Apfel (ohne Kerne und Schale)

100 g Melonenfruchtfleisch (ohne Kerne)

2 EL Sonnenblumenkerne

Alles wird gemixt bis es gut trinkbar ist. Schmeckt gut und weckt die Lebensgeister!

„Vielen Dank, geliebter Pan! Danke schön, dafür!"

„GERN GESCHEHEN, JOHANNES!"

100.) Seenymphen Smoothie

„ Nicht nur für Mannsbilder"[6]

1 Granatapfel (Kerne mit Fruchtfleisch)

1 Prise Cayennepfeffer

100 ml Kokosmilch

2 EL gesegnetes (Quell)wasser

50 ml Heidelbeersaft (oder frische Beeren)

1 Tropfen Tabasco

1 Handvoll Cashewnüsse (ohne alles…)

„Sehr gut und lange mixen. Es schmeckt so ungewöhnlich gut und ein wenig scharf, dass es überwiegend Männer mögen. Oder???"

101.) Hutzlibub Smoothie

„Futter für's Hirn"[6]

2 EL Braunhirsepulver

1 EL Spirulinapulver

2 EL Erdmandelflocken

2 EL gesegnetes (Quell)wasser

200 ml Pflaumensaft

Alles gut vermengen, mixen und zurücklehnen. Gutes „Hirnfutter"...

Hoho, lieber Hutzlibub, das klingt ja interessant!!!

102.) Feuerwesen Smoothie

„ recht ordentlich"[6]

30 g Liebstöckel

3 Tropfen Tabasco

100 ml Kokosmilch

100 ml Apfelsaft

2 EL gesegnetes (Quell)wasser

2 EL voll Kürbiskerne

1 Prise schwarzer Pfeffer (frisch gemahlen)

Alles lange und gut mixen und dann zügig genießen!

„Manchen zieht es die Schuhe aus, manche lieben es!"

Das glaube ich euch, liebe Feuerwesen!

103.) Baumwesen Smoothie

„ waldiges Werkeln"[6]

10 Haselnüsse

10 Walnüsse

5 Eicheln (ohne Schale)

100 g Walderdbeeren (oder auch „normale")

2 EL gesegnetes (Quell)wasser

100 ml Holundersaft

50 ml Apfelsaft

Alles gut zerkleinern im Mixer und schön musig machen. Man spürt den Wald beim Trinken, sagen die Baumwesen…

104.) Waldtrolle Smoothie

„Herrlich ver-rückt"[6]

1 Handvoll Pinienkerne

1 Handvoll Zedernnüsse

150 ml Kokosmilch

3 EL gesegnetes (Quell)wasser

1 Bund Petersilie

2 EL Braunhirse

„Alles liebevoll mixen und dann könnt ihr euch auf ein kaum zu beschreibendes Erlebnis freuen!"

Ich freue mich, dieses Rezept telepathisch aus Südschweden von den Waldtrollen übermittelt bekommen zu haben. Danke schön!"

105.) Zwergen Smoothie

„Exotic-holiday"[6]

100 ml Guavensaft

50 ml Ananassaft

4 Feigen

2 Kiwis

2 EL gesegnetes (Quell)wasser

20 g Ingwer

Alle Zutaten im Mixer „musig" machen und danach langsam genießen! Der „Exotische Urlaub" soll dann geistig beginnen, sagen die Zwerge…

106.) Pegasus Smoothie

„für Norin"[6]

¼ Melone (ohne Kerne)

5 Litschis

30 g Sonnenblumenkerne

2 EL gesegnetes (Quell)wasser

30 g gehobelte Mandeln

Alles wird gemixt und dann mit Genuss getrunken.

Danke, Pegasus für dieses Smoothie Rezept!

Norin wird's bestimmt gefallen, denke ich!

107.) Wachtmann Smoothie

„ für jung gebliebene Menschen "[6]

50 ml Apfeldicksaft

100 ml Kokosmilch

1 reife Avocado

1 TL Sanddornsaft

1 EL Erdmandelflocken

50 g Macadamianüsse

2 EL gesegnetes (Quell)wasser

Alles gut und reichlich mixen. Schmeckt nach Abenteuer…

Wachtmann, der Zwerg erfreut uns heute mit einer köstlichen Erlesenheit. Danke schön dafür, Freund Zwerg!

108.) Elfi Smoothie

„Herzallerliebste(r) mein"[6]

100 ml Kirschsaft (oder entsteinte Kirschen)

100 g Erdbeeren

1 Salatherz

20 g Sesam

10 g Braunhirse

Alles gut im Mixer verarbeiten und danach auf der Zunge zergehen lassen!

„DANKE SCHÖN, ELFI, LIEBSTE FREUNDIN!"

109.) Einhorn Smoothie

„ Herrlich anders"[6]

40 g Cashewnüsse

1 EL Erdmandelflocken

2 Blätter Jiaogulan (Langlebigkeitskraut)

1 Prise Galgant

5 g Beifuß

150 ml Birnensaft

2 EL gesegnetes (Quell)wasser

Alles mixen und dann genussvoll den etwas anderen Smoothie genießen!

110.) Nixen Smoothie

„Gute Laune pur"[6]

150 ml Kokosmilch

2 EL gesegnetes (Quell)wasser

50 g Mandeln (ohne Schale und Haut)

1 Bund Petersilie

100 ml Heidelbeersaft (oder frische Früchte)

1 Prise Zimt

„Schmeckt gemixt wunderbar leicht und locker und ist so gesund"

Danke, ihr Nixen, für diesen Tipp!

111.) Quellnymphen Smoothie

„ Fantastic Moment"[*6]

50 g Bambussprossen

2 EL gesegnetes (Quell)wasser

10 g

10 g Schafga(r)be

2 EL Pinienkerne

30 g Löwenzahnblätter

150 ml Ananassaft

„Alles gut mixen und beim Trinken nicht schlürfen!"

„Na, ihr Nymphen seid ja gut drauf... hihihi! Nicht schlürfen..."

112.) Hutzlibub Smoothie

„Unverhofftes..."[*6]

2 EL Cashewnüsse

100 ml Misteltee (abgekühlt)

10 g Moringapulver

2 EL gesegnetes (Quell)wasser

1 Mohrrübe (geschält, aber mit Kraut)

100 ml Traubensaft

„Alles mixen und langsam Schluck für Schluck genießen!"

Hutzlibub, unser Wichtelmann, hat da wieder ein wundervolles Rezept kreiert, finde ich!

113.) Waldelfen Smoothie

„Winter Scharmützel"[6]

100 ml Traubensaft

1 TL Schabzigerklee

10 Walnüsse (ohne Schale)

3 Salatblätter (was gerade wächst, ideal Kopfsalat)

1 Granatapfel (alles was innen drin ist)

2 EL gesegnetes (Quell)wasser

Alles gemixt schmeckt es wie ein Scharmützel im Winter, sagen die Waldelfen und lachen...

Und gesund ist es auch noch!

114.) Sylphen Smoothie

„ Gesund und vital"[6]

2 Äpfel (mit Kerne)

20 g getrocknete Gojibeeren

50 g Maulbeeren

2 Kiwis

4 Datteln

30 g Sonnenblumenkerne

2 EL gesegnetes (Quell)wasser

4 Eisberg Salatblätter

Alles gut gemixt und lecker!

Danke ihr lieben Sylphen!

115.) Faun Smoothie

„ Herrlich erfrischend anders"[6]

¼ Honigmelone

3 Kiwis

2 Möhren (mit dem Kraut daran)

150 ml Heidelbeersaft (oder Früchte)

2 EL gesegnetes (Quell)wasser

5 Paranüsse (ohne Schale)

4 Blatt Zitronenmelisse

Alles kräftig durchmixen und dann so erfrischend anders genießen!

„Danke, ihr Lieben!"

116.) Heinzelmännchen Smoothie

„Mandarinisch ungewöhnlich"[6]

7 geschälte Mandarinen

2 Prisen Zimt

2 EL gesegnetes (Quell)wasser

3 Blatt Melisse

1 Bund Petersilie

1 EL Braunhirse

4 Litschis (ohne Schale)

Alles gut mixen und genießen!

Danke schön, ihr lieben Heinzelmännchen!

117.) Hurtimann Smoothie

„ ich liebe das Leben"[46]

2 reife Avocados

2 EL gesegnetes (Quell)wasser

100 g Macadamianüsse

1 TL Erdmandelflocken

150 ml Traubensaft

1 Prise Pfeffer (frisch gemahlen)

Alles gut mixen und dann die Prise Pfeffer oben frisch drauf geben.

„Ich liebe das Leben!"

Wir auch, lieber Hurtimann!

118.) Undinen Smoothie

„ Wald und Wiesen Zauber"[6]

20 g Brennnesselblätter

30 g Huflattichblätter

150 ml Birnensaft

10 Walnüsse (ohne Schale)

2 EL gesegnetes (Quell)wasser

50 ml Kirschsaft

Alles lecker mixen und dann: gut geerdet sein!

„Liebe Undinen, das klingt ja lecker!"

„Schmeckt auch so, schön erdig-süß, voller Energie!"

119.) Horvath Smoothie

„ Alles ist fantastisch"[6]

1 TL Chlorella Alge

2 EL gesegnetes (Quell)wasser

100 ml Apfelsaft

100 g Erdbeeren

100 ml Acerolakirschsaft

¼ Honigmelone (oder 200 g einer anderen Melone)

1 Prise Galgantpulver

Alles gut mixen und danach mit Genuss schluckweise trinken.
Viele Vitamine in diesem Smoothie.

Danke, lieber Wichtelmann Horvath!

120.) Hutzlibub Smoothie

„immer schön aufgemerkt bleiben"

2 Kiwis

2 EL gesegnetes (Quell)wasser

40 g gehobelte Mandeln

100 ml Kokosmilch

1 TL Guaranapulver

50 ml Heidelbeersaft (oder Beeren)

1 Bund Petersilie

Voller Power! Wird gut gemixt genossen! Schluckweise!

Danke, Freund Hutzlibub!

Erklärungen und Tipps zu den Smoothies:

Einige Zutaten lassen sich besser für Smoothies verarbeiten, wenn sie vorher eingeweicht werden.

So sollten Samen und Kerne mindestens 6 Stunden eingeweicht werden, da dann die ganzen Energien, die in ihnen stecken, besser zur Wirkung kommen.

Trockenfrüchte wie Datteln oder Feigen weichen wir 1 Stunde lang ein.

Alle Nüsse weichen wir 10-12 Stunden ein.

Ihr könnt aber nach eurem Gefühl gehen. Unsere Einweichtipps sind unsere Erfahrungen dazu.

Da wir viele Rezepte sofort unseren Freunden mitteilten und diese sie voller Elan ausprobierten und ich nur positive Rückmeldungen bekam, entschloss ich mich, dieses ungewöhnliche Buch zu veröffentlichen. Die Naturwesen waren sehr erfreut darüber und unser gesamter Freundeskreis ebenso!